Inhalt

W0065917

Ein paar Worte vorab

Eine Einladung zur Entwicklung

▷ *»Ich will aber kein Vanille!« Mit einem lauten Klirren landet die Eisschale auf dem Boden. Die dicke Kugel Vanilleeis, die eben noch in der Glasschale thronte, wurde samt Schokostreuseln mit einer raschen, wütenden Handbewegung vom Tisch gefegt und schmilzt nun auf dem Fußboden in einem matschigen Scherbenhaufen. »Ich will Erdbeereis!«, brüllt Mia lautstark. »Eeeeeerdbeeeeeer!« Ihr Gesicht läuft rot an, sie ballt die Hände zu Fäusten, verschränkt ihre Arme, wirft zornige Blicke um sich, vergießt einige Krokodilstränen und versteckt dann das Gesicht in ihren verknoteten Armen auf der Tischplatte.* ◁

Was um Himmels Willen ist passiert? Eben war Mia doch noch friedlich und fröhlich – woher rührt diese plötzliche Verwandlung vom Engelchen zum Teufelchen? »Ach, Mia ist im Trotzalter!«, lautet die Erklärung vieler Erwachsener. »Da kann man nichts machen. Ist anstrengend – aber geht irgendwann vorbei.«

Liebe Eltern und Erzieherinnen, liebe Tagesmütter und weitere Menschen, die Kinder begleiten – da Sie dieses Heft in der Hand halten, kommt Ihnen obige Situation sicherlich bekannt vor. Vermutlich stehen Sie täglich vor ähnlichen Herausforderungen und suchen konkrete Tipps und Ideen, wie Sie mit diesen Gefühlsausbrüchen von Kindern bestmöglich umgehen können.

Wir haben Antworten darauf. Vielleicht andere, als Sie erwarten. Denn wir möchten Sie ermuntern, »schwieriges« oder »auffälliges« Verhalten der Kinder nicht als etwas zu betrachten, was vermieden

Die Bedeutung
für die kindliche Entwicklung

Wenn Kinder selbstständig werden

Was bedeutet eigentlich Trotz? In Bezug auf kindliches Verhalten wird in der Literatur der Begriff meist negativ verstanden, z. B. als Phase in der Entwicklung des Kindes, in der es den eigenen Willen erfährt und durchzusetzen versucht. In der Literatur haben wir zahlreiche weitere Definitionen und Beschreibungen gefunden: impulsiver Selbstausdruck, Autonomiestreben, Freiheitsdrang, Training des Durchhaltevermögens und der Durchsetzungskraft, wachsende Emotionskontrolle, Gehorsamsverweigerung, etc.

Was ist eigentlich Trotz?

Ungefähr im zweiten und dritten Lebensjahr beobachten wir bei vielen Kindern plötzliche Gefühlsausbrüche. Diese können uns Erwachsene durchaus verunsichern. Für das Kind bedeutet dieses Verhalten erstmal eine natürliche Reaktion. Es beginnt, seine Gefühle kennenzulernen, weiß aber oftmals noch nicht mit seinen Gefühlen umzugehen und ihnen anders Ausdruck zu verleihen. Durch das Laufen-Lernen hat das Kind bereits seinen Aktionsradius vergrößert und sich langsam etwas von den engsten Bezugspersonen gelöst. Nun folgt das Bewusstsein des eigenen Ichs. Mit dem »Ich« begegnet uns auch immer häufiger das »Nein«. Oft ist es ein Ausdruck von Verzweiflung. Dieses innere Nein kann vom Kind durchaus unterschiedlich zum Ausdruck gebracht werden.

Entweder **aktiv,** z. B. durch Schreien, Strampeln, Toben, Treten, Kratzen, Beißen, Schlagen, oder **passiv,** z. B. durch Abwenden, Verweigern, Schmollen, Abbruch der Tätigkeit, Weglaufen.

Wir glauben nicht, dass dieses Verhalten ein taktisches Manöver zum Erreichen von Zielen ist. Deshalb möchten wir nicht definieren, wann Trotz anfängt und wo Trotz aufhört, denn aus unserer Sicht ist dies immer die Interpretation und die Definition der Erwachsenen. Ein Kind würde sich selbst vermutlich gar nicht als trotzig bezeichnen, sondern als enttäuscht, wütend, frustriert, traurig, müde usw. Und auch jeder Erwachsene sieht dies aus einem anderen Blickwinkel. Was Eltern bereits als trotzig und unerträglich empfinden, sieht eine Erzieherin unter Umständen noch ganz gelassen – oder umgekehrt.

GUT ZU WISSEN   Statt die Kinder als trotzig, widerwillig, aufsässig, verhaltensauffällig, widerspenstig, bockig oder gar rotzfrech zu bezeichnen, ist es hilfreich, wenn die Erwachsenen nach den Ursachen dieses Verhaltens suchen. Was geht in dem Kind wirklich vor? Was hat es wütend gemacht, traurig oder frustriert? Was ist diesem Ausbruch vorweg gegangen? Hinter trotzigem Verhalten steckt immer ein Gefühl!

Kinder im zweiten bis vierten Lebensjahr erleben häufig eine Kluft zwischen ihren Ideen und dem wirklich Machbaren. Sie sind dabei, die Welt zu entdecken, zu experimentieren und unermüdlich Neues auszuprobieren, was nicht immer gelingt. Sie sind angetrieben von ihrem tiefen Bedürfnis nach Schutz, Geborgenheit und Zugehörigkeit einerseits und ihrem Entdeckerdrang und dem Wunsch nach Selbstständigkeit andererseits. In diesem Spannungsfeld wechseln sie mehrfach täglich hin und her, manchmal innerhalb weniger Minuten. Dabei erleben sie einen ganzen Cocktail an Gefühlen. Diese zu verarbeiten müssen sie erst lernen. Wenn es uns gelingt, sie darin zu unterstützen und diese Gefühle mit ihnen zu teilen, ist dies ein wichtiger Baustein für emotionale Bindungsfähigkeit.

In ihrem Entdeckerdrang stoßen Kinder permanent an **Grenzen:**

- Grenzen, die das Umfeld ihnen aufzeigt, z.B. in Form von Geboten (»Komm her«, »Sitz still«, »Sag danke«, »Wasch dir die Hände«) oder Verboten (»Fass das nicht an«, »Mach nicht so einen Lärm«, »Stell dich nicht so an«, »Kletter nicht so hoch« etc.), und

- Grenzen, die sie selbst erfahren, bei ihren Bemühungen, z.B. wenn der Reißverschluss der Jacke einfach nicht einhaken will oder der mühsam gebaute Turm mit den Bauklötzen auf dem welligen Teppich immer und immer wieder umkippt.

Statt der Definition »Trotzphase« bezeichnen wir diese Etappe lieber als **Selbstständigkeitsphase.** Diese beinhaltet zwei ganz lebenswichtige Prozesse: Einerseits wird das Kind selbstständiger und befreit sich damit langsam von der vollkommenen Abhängigkeit von seinen engsten Bezugspersonen. Andererseits findet es immer mehr zu seiner eigenen Persönlichkeit, spürt immer mehr seine eigenen Grenzen, Wünsche und Bedürfnisse. Es erlangt durch seinen zunehmenden Bewegungsradius und sein wachsendes Sprachvermögen immer mehr Möglichkeiten, dies auch zu äußern. All das tut das Kind niemals *gegen Sie,* sondern immer nur *für sich!*

Kinder werden selbstständig – und Erwachsene trotzig

Natürlich verlaufen die ersten Versuche nicht immer glatt und erfordern auch von Erwachsenen jede Menge Geduld. Die Kinder legen einfach los und probieren sich unermüdlich aus. Ihre Versuche verteidigen sie oft vehement und mit ganzer Kraft. Sie wollen möglichst alles selbst tun und gern auch selbst entscheiden. Sind sie denn dazu schon in der Lage? Natürlich nicht immer. Natürlich benötigen sie unsere Unterstützung und Begleitung, aber eben auch Verständnis, Geduld, Rückhalt und Vertrauen. Wir sollten sie stärken in ihrer Fähigkeit, aus den eigenen Erfahrungen zu lernen und sie unterstützen in ihrem Willen, mehr und mehr für sich selbst verantwortlich zu sein. Auf ein »Kann ich allein!« könnten Sie antworten: »Super! Sag mir, wenn du Hilfe brauchst.« Und dann sollten wir ihnen Zeit geben. Damit können viele sinnlose und zeitraubende Konflikte vermieden werden.

Wenn etwas nicht gelingt oder nicht möglich ist, dann fühlen Kinder sich häufig hilflos oder machtlos. Ein Wutanfall mit Geschrei und Tränen kann ein wichtiges Ventil sein, um angestaute heftige Gefühle auszudrücken und loszulassen. Aus unserer Sicht ist dies ein gesunder, heilender Prozess. **Gefühle sollten willkommen sein!** Leider gibt es viele Kinder, die diese Gefühle in sich verschließen. Nach außen wirken sie dann ggf. brav und angepasst, doch es mag sein, dass der angestaute Kummer sich später in Form von emotionalen Störungen oder anderen Problemen wie Depressionen, Essstörungen, Ängsten, Drogenmissbrauch etc. äußert. Wir Erwachsenen sollten daher einen Gefühlsausbruch eines Kindes begrüßen statt zu vermeiden versuchen. Manche Erwachsene reagieren auf die plötzlichen Eigeninitiativen der Kinder und die Versuche, diese durchzusetzen, selbst »trotzig« mit dem Gedanken »Oh nein, nun geht das los!« und »Das geht doch noch nicht!« oder »Das kannst du noch nicht!«, »Lass mich das lieber machen!«, »Ich mache das schnell für dich«.

TIPP Unterstützen Sie Kinder möglichst oft in ihren Bestrebungen nach **Selbstständigkeit.** Bieten Sie Situationen an, wo sie üben und ihre Ideen ausprobieren können. Geben Sie ihnen Zeit und Raum, Dinge *selbst* zu machen, auch wenn es noch nicht *allein* gelingt. Und geben Sie dem Kind die Möglichkeit, seine Gefühle wahrzunehmen und auszudrücken.

Die Trotzphase einfühlsam begleiten

Wir haben bereits den Begriff Integrität erläutert und die Bedeutung, auf sich und seine Grenzen zu achten und sich selbst treu zu sein. Unter Kooperation verstehen wir den Wunsch und die Fähigkeit, mit anderen Menschen in Kontakt zu gehen und zu einer Gemeinschaft dazuzugehören. Um dies zu erreichen, wird bereits von Babys das Verhalten der engsten Bezugspersonen kopiert und nachgeahmt. Die Entwicklungsforschung weiß heute, dass Kinder mit dem Willen und der Fähigkeit zur Kooperation und Nachahmung geboren werden. **Kooperation ist ein Grundbedürfnis,** Kinder *wollen* dazugehören!

Kooperation bedeutet aber auch, der Gemeinschaft zuliebe eigene Bedürfnisse zurückstellen zu müssen. Und dabei kann häufig ein Ungleichgewicht entstehen (siehe Skizze).

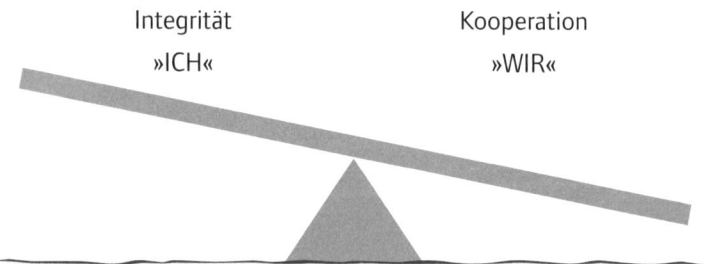

Integrität »ICH«   Kooperation »WIR«

TIPP Wie steht es bei Ihnen um das Gleichgewicht zwischen Integrität und Kooperation? Nehmen Sie sich in den nächsten Tagen Zeit, öfter mal innezuhalten und sich zu fragen: »Was sind gerade meine Bedürfnisse? Was ist mir wirklich wichtig?« Nehmen Sie es einfach zur Kenntnis und betrachten Sie es mit Leichtigkeit. Es geht darum, den eigenen **Bedürfnissen** mehr Aufmerksamkeit zu schenken. Im nächsten Schritt könnten Sie beginnen, Ihre Prioritäten nach und nach anders zu setzen, um mehr ins Gleichgewicht zu kommen.

Zu viel Kooperation schadet der Integrität. Wenn ein Mensch über längere Zeit zu stark kooperiert, sucht er zwangsläufig nach einem Ausgleich, um das Gleichgewicht wieder herzustellen. Viele Erwachsene gehen z. B. nach der Arbeit joggen, tanken beim Yoga wieder auf oder ziehen sich mit einem Buch zurück. Ein Kind muss dies erst Stück für Stück entwickeln. Ein Schrei nach dem inneren Gleichgewicht zeigt sich daher häufig in Verhaltensweisen, die wir dann ggf. als Trotz bezeichnen.

▷ *Wenn ein Kind seine Situation in Worte fassen könnte, würde es vielleicht sagen: »Liebe Mama, ich bin heute Morgen brav um sieben Uhr aufgestanden, habe mich schnell angezogen und mein Müsli mit Obst gegessen, um pünktlich in der Kita zu sein, obwohl ich gern länger geschlafen hätte und lieber Toast mit Marmelade mag. In der Kita habe ich mich gleich in den Stuhlkreis gesetzt, obwohl ich viel lieber draußen im Sandkasten gespielt hätte. Beim Mittagessen habe ich sogar die doofe Suppe probiert. Du hast mich um vier Uhr abgeholt und direkt mit in den vollen Supermarkt genommen. Ich habe mehrfach versucht, auf meine Bedürfnisse aufmerksam zu machen.*

*Du hast sie nicht gesehen. Jetzt habe ich keine Lust mehr zu koope-
rieren! Ich will meine Ruhe haben und mit meinen Puppen spielen.
Und wenn du dies nicht hörst und mich nicht lässt, dann muss ich
schreien!«*

Ein Kind, das sich über längere Zeit den Bedürfnissen der
Erwachsenen anpassen und seine eigenen Bedürfnisse zurückstellen musste, wird zwangsläufig versuchen, seinen »Willen«
durchzusetzen – das bedeutet oft lediglich, seine Integrität schützen zu wollen.

Um ein Missverständnis zu vermeiden: Es geht nicht darum, dem
Kind ständig seine Bedürfnisse zu *erfüllen,* sondern das Bedürfnis
des Kindes *wahrzunehmen:* »Ich kann verstehen, dass du jetzt
keine Lust hast, in den Supermarkt zu fahren. Aber ich muss noch
für das Abendbrot einkaufen«. Oft entspannt sich dann die Situation sofort, da das Kind sich mit seinem Gefühl gesehen fühlt.
Jeder Versuch, das Kind zu überreden und den Supermarkt
»schmackhaft« zu machen und ggf. mit dem Lieblingspudding zu
locken, wird dem Kind *nicht* das Gefühl geben, ernst genommen
zu werden.

Warum es so wichtig ist, dass das Kind sich ernst genommen fühlt:

- **Selbstvertrauen** – »Ich kann« (Lob, Kritik, Bewertung): Hier-
  bei geht es um das, was wir können, um Leistungen und Fähig-
  keiten, die bewertet und beurteilt werden, z. B. durch Lob oder
  Kritik. Je besser wir etwas beherrschen, desto größer ist unser
  Selbstvertrauen auf diesem Gebiet. Das gilt leider auch umgekehrt: Je häufiger wir die Rückmeldung »Das kannst du nicht«

bekommen, desto mehr schrumpft unser Selbstvertrauen. Daher bezeichnen wir das Selbstvertrauen als *äußeren Halt.*

- **Selbst(wert)gefühl** – »Ich bin« (Wahrnehmung, Beachtung): Hier geht es darum, wer wir *sind,* um unser Sein, um die Fähigkeit, uns selbst und unsere Gefühle wahrzunehmen und zu erkennen. Was weiß ich über mich? Wie stehe ich zu mir selbst und zu meinen persönlichen Stärken *und* Schwächen? Wie gehe ich um mit meinen Gefühlen, mit Freude, mit Enttäuschungen und Niederlagen? Wie reagiere ich auf Forderungen, Erwartungen und Verlockungen meiner Umwelt? Treffe ich Entscheidungen, hinter denen ich selbst stehen kann? Wir bezeichnen das Selbstwertgefühl als *inneren Halt.*

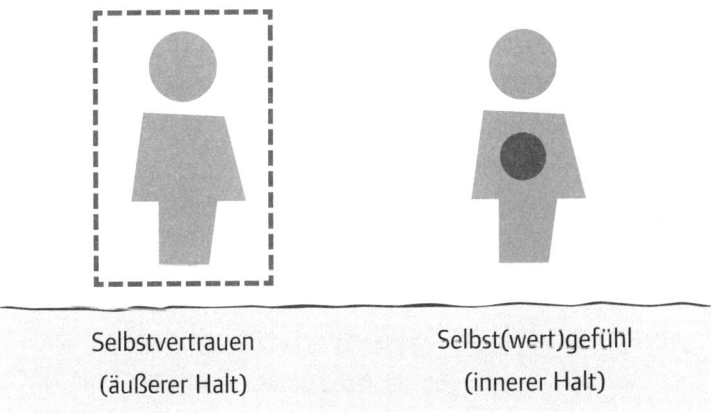

Selbstvertrauen
(äußerer Halt)

Selbst(wert)gefühl
(innerer Halt)

Sowohl das Selbstvertrauen als auch das Selbstwertgefühl sind wichtige Bausteine für die Entwicklung eines Kindes. Wir sollten uns jedoch bei der Begleitung von Kindern bewusst sein, welchen Bereich wir mit unseren Äußerungen unterstützen und stärken.

Wenn ein Kind z. B. gut malen kann, fühlt es sich deswegen noch nicht unbedingt wertvoll als Mensch. Fühlt es sich jedoch als Mensch gesehen und wertgeschätzt, so kann es weitaus besser damit umgehen, wenn das Malen nicht gelingt. Die Frage ist: Fühlt sich das Kind gesehen für das, was es *kann* oder dafür, wer es *ist?*

▷ *Die vierjährige Emma ist bei einem Ausflug in den Tierpark auf einen Baum geklettert. Zuerst den ersten Ast hoch, dann den zweiten, dann hat sie kurz innegehalten, nach unten geschaut und ist noch ein Stückchen höher geklettert. Oben setzt sie sich im Blätterdickicht auf den dicksten Ast, hält sich am Stamm fest und lässt die Füße baumeln. »Guck mal!«, ruft sie fröhlich herunter.* ◁

Viele Erwachsene werden in etwa rufen: »Super, Emma! Toll hast du das gemacht!« Damit stärken sie ihr Selbstvertrauen: Ich kann klettern! Wenn Emma z. B. hören würde »Huhu! Ich sehe dich! Wie ist die Aussicht dort oben?« oder »Ah, du bist den Baum raufge-klettert!« stärkt das ihr Selbstwertgefühl: Ich werde wahrgenom-men! Wenn Emma dann wieder heruntergeklettert ist und der Weg durch den Tierpark fortgesetzt wird, wird sich so mancher zu einem Lob hinreißen lassen: »Du bist aber hoch geklettert! Klasse! Das war toll!« Das stärkt ihr Selbstvertrauen: Ich habe das gut gemacht! Wenn Emma folgende Rückmeldung bekommt: »Puh, das fand ich mutig von dir. Ich habe gesehen, dass du beim zwei-ten Ast einen Moment gezögert hast und ich glaube, du warst kurz unsicher. Stimmt das?« stärkt sie das bei der Entwicklung ihres Selbst(wert)gefühls: Ich bin mutig, und ich darf unsicher sein, ich werde in meiner Ganzheit wahrgenommen.

Auf den Punkt

- Kinder stoßen an Grenzen, entweder durch eigenes Wirken (der Turm kippt um) oder durch ihr Umfeld (Gebote und Verbote).
- Das kindliche Verhalten und seine Ursache zu entschlüsseln ist die Aufgabe des Erwachsenen.
- Dem »Trotzverhalten« von Kindern liegt immer ein Gefühl zugrunde. Das heißt nicht, diesem Gefühl immer nachgeben zu müssen, es jedoch wahrzunehmen, ernst zu nehmen und in Worte zu fassen.
- Das Kind in diesem Gefühl anzunehmen, entspannt die Situation. Außerdem stärkt es das Kind in seinem Selbst(wert)gefühl: »Es ist ok, wie ich bin! Ich darf so sein und mich so fühlen!«
- Ihre persönliche innere Haltung überträgt sich auf das Kind.
- Geben Sie dem Kind Zeit und Raum, selbstständig zu werden.

Der Umgang mit Grenzen, Gefühlsausbrüchen und Konflikten

Betrachten wir das Leben mal für einen Moment aus den Augen eines zwei- bis vierjährigen Kindes und hören mit seinen Ohren: »Du kannst das noch nicht allein«, »Das ist noch zu schwer für dich«, »Das darfst du nicht« sind tägliche Begleiter sowie »Du brauchst deinen Schlaf«, »Du brauchst Vitamine«... du, du, du... Ständig wissen wir Großen, was für die Kleinen gut ist! Die Welt ist voller Ge- und Verbote. Wie fühlt sich das wohl an? Halten Sie bitte einen Moment inne und überlegen: Wie geht es Ihnen, wenn jemand in Ihre Welt hereinschneit und am besten weiß, was für Sie gut ist und was Sie tun und lassen, am besten noch fühlen sollen? Verständlicherweise wehren sich die meisten Kinder dagegen – körperlich oder verbal.

Was ist die Alternative? Wie können wir mit Kindern auf Augenhöhe und in Kontakt gehen? Wir möchten Ihnen das anhand von Beispielsituationen erläutern. Begleiten Sie uns zurück zu Max und einer Möglichkeit, wie die Situation in der Kita weitergehen könnte.

▷ *Max will also nicht rausgehen, er sitzt auf der Bank und stampft mit den Füßen, die Gummistiefel liegen noch immer im Flur herum. Seine Gruppenerzieherin Simone nähert sich Max und setzt sich neben ihn. Sie schaut auf die Stiefel, dann sieht sie Max an: »Ich habe gehört, dass du gesagt hast ›Ich will nicht rausgehen‹«. Max scharrt mit den Füßen auf dem Boden und murmelt »Hm«. Simone sagt: »Anscheinend hat es dich geärgert, dass du mit dem Autospielen aufhören musstest.« Max blickt auf. »Ja!« Seine Körperhaltung entspannt sich ein wenig. Nach einer kurzen Pause: »Es war gerade ein Unfall und Finn war der Krankenwagen und er ist einfach weggegangen.« »Aha!« »Ja, und ich will den Unfall zu Ende spielen!« Simone nickt: »Hm, und jetzt bist du ärgerlich, dass das nicht geht?« Max rutscht auf der Bank hin und her. »Ja!« Simone beugt sich zu Max: »Weißt du, ich kann gut verstehen, dass dich das ärgert und du jetzt gern weiterspielen würdest. Nun ist aber die Garten-Zeit, und die gilt für alle Kinder aus deiner Gruppe. Ich kann leider nicht mit dir drin bleiben.« Sie macht eine kurze Pause. »Ich gehe jetzt zu den anderen Kindern nach draußen. Und ich freue mich, wenn du mitkommst.« Sie steht auf und geht langsam zur Tür. Max schaut zu ihr hoch. Er braucht noch einen Moment, dann sagt er »Na gut«, holt seine Gummistiefel und beginnt, sich anzuziehen.* ◄

Max fühlt sich gesehen und ernst genommen. Simone geht auf die Gefühle von Max ein und zeigt Interesse an ihm und seinen Bedürfnissen. Sie bleibt in der Führung und teilt ihm in persönlicher Sprache mit, was ihr wichtig ist. Sie verhält sich authentisch und klar und ist damit für Max spürbar. Damit lädt sie ihn ein zu kooperieren. Simone gibt ihm Raum und Zeit, sich auszudrücken. Da sie ihn ernst nimmt, verletzt sie seine Integrität nicht. Das ist eine große Wertschätzung Max gegenüber.

Sie denken vielleicht: »So viel Zeit für ein Gespräch habe ich in so einer Situation nicht!« Hier können wir Ihnen aus eigener Erfahrung und der vieler Klienten versichern, dass diese Art und Weise, miteinander umzugehen, tatsächlich meist *weniger* Zeit in Anspruch nimmt als ein Machtkampf mit Vorwürfen und Anklagen und möglicherweise Strafandrohungen, bei dem es beiden Beteiligten nicht gut geht.

Kinder brauchen Grenzen – doch welche?

Die Kinder brauchen Grenzen – der Markt der Erziehungsliteratur ist voll von Büchern mit diesem Leitsatz! Ja, Kinder brauchen Grenzen. Doch welche? Es wird vorgeschlagen, den Kindern Grenzen zu setzen, denn Kinder würden Grenzen *suchen, fordern, testen.* Aus unserer Sicht suchen sie nicht die Grenzen, sondern den Menschen dahinter. Kinder klopfen die Erwachsenen so lange ab, bis sie deren Grenzen in Erfahrung gebracht haben – mit vielfältigen Mitteln. Die Erwachsenen bezeichnen dies oft als »provozieren« und »Grenzen austesten«. Doch Kinder wollen erfahren: Was für ein Mensch ist meine Mutter, meine Erzieherin, meine Tagesmutter? Wann ist ihre persönliche Schwelle überschritten? Und diese individuell verschiedene, persönliche Schwelle wird spürbar, wenn jemand *seine persönliche Grenze zieht* anstatt *dem Kind Grenzen zu setzen* (»Ich will das nicht« statt »Du darfst das nicht«). Kleinkinder übertreten natürlich häufig die Grenzen der Erwachsenen; noch haben sie kein Gespür dafür, wo ihre Welt endet und die der Erwachsenen beginnt. Je nach Umfeld werden sie Stück für Stück in Erfahrung bringen, was den engsten Bezugspersonen gefällt und was nicht. Sie werden dafür eine Menge Wiederholungen einfordern. Wir müssen viel Geduld aufbringen und möglichst auf eine ruhige Art und Weise immer wieder deutlich machen, was wir mögen und was nicht. Denn je mehr wir mit Kindern schimpfen oder sie kritisieren, umso länger dauert es, bis sie unsere Grenzen respektieren. Im vorher beschriebenen Beispiel sagt Simone Max, was *ihr* wichtig ist, und nicht, was für *ihn* wichtig ist. Und das Wichtigste ist, dass sie sich für die Beweggründe von Max interessiert und ihn ernst nimmt.

Stellen Sie sich in einer Situation vor, dass eine liegende Acht Sie und Ihr Gegenüber umgibt, zwei Welten separat, mit ihren jeweiligen Bedürfnissen, Gedanken, Gefühlen, Werten und Grenzen, und doch verbunden. Beide Welten existieren nebeneinander und haben den gleichen Wert. Das ist es, was wir mit Gleichwürdigkeit meinen: zu würdigen, dass jeder seinen Bereich vertritt, die Welt aus seiner Warte sieht und damit *seine* Wahrheit hat. Beiden wird die gleiche Würde und Wertschätzung zuteil. Für gelingende Beziehungen ist es hilfreich, wenn jeder in seinem Bereich bleibt anstatt in dem des anderen »herumzutrampeln« und darüber zu urteilen.

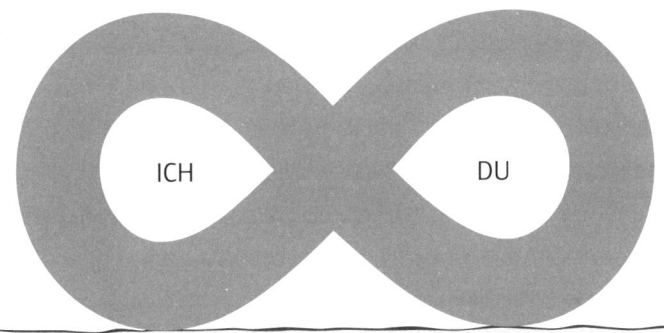

TIPP Verwenden Sie eine **persönliche Sprache,** um Ihre Grenzen zu ziehen, z. B.: »Ich gehe jetzt raus und möchte, dass du mitgehst« statt »Du musst jetzt rausgehen«; »Mir ist das zu laut, mach es bitte leiser« statt »Du sollst nicht so laut sein« etc. Umschreiben Sie nichts, wie z. B. »Das tut man nicht« oder »Man spielt nicht mit dem Essen«. Machen Sie deutlich, was Sie wollen und was nicht. Kinder verstehen das allgemeine »man« nicht, auch »wir« ist missverständlich (»Wir gehen jetzt schlafen«, »Bei uns wird nicht geschubst.«). Ebenso wenig verstehen kleine Kinder das Wort »nicht«. Bleiben Sie möglichst konkret.

Ich-Botschaften machen Sie für Ihr Gegenüber spürbar, sie ermöglichen einen wahrhaftigen Kontakt und wirken wie eine Einladung, mit Ihnen zu kooperieren. Wenn Erwachsene das Vertreten der eigenen Bedürfnisse vorleben, unterstützt es Kinder darin, dies für sich selbst zu entwickeln. Kitakinder sind dabei, sich als eigenständigen Menschen zu erleben mit einer eigenen Welt, eigenen Bedürfnissen, Gefühlen, Wünschen etc. Sie erleben sich und sie erleben uns. Und sie erleben auch, dass wir unterschiedlich sind und jeder Mensch andere Bedürfnisse hat.

In unseren Beratungen erleben wir häufig, dass es Erwachsenen manchmal schwerfällt, sich ihrer eigenen Bedürfnisse bewusst zu werden und diese klar zu äußern. Daher möchten wir kurz auf die Begriffe Helikopter-Eltern und Curling-Eltern eingehen. Manche Eltern kreisen wie ein Hubschrauber über den Aktivitäten ihrer Kinder, sie beobachten und kontrollieren jeden Schritt und wären am liebsten überall dabei. Sie wollen ihren lieben Kleinen möglichst alle Hindernisse aus dem Weg räumen, um sie vor Schmerz und Frust zu bewahren, so wie beim Curling der Putzer die Bahn eifrig frei fegt. Natürlich unterstützen wir es, wenn Erwachsene auf die Gefühle und Bedürfnisse von Kindern eingehen, sie wahrnehmen und wertschätzen. Aber: Sie müssen diesen Wünschen nicht immer nachgeben! Wir halten es für wichtig, dass sich das Leben der Erwachsenen nicht nur um die Bedürfnisse der Kinder dreht. Damit tun sie ihren Kindern keinen Gefallen, das ist mit Gleichwürdigkeit nicht gemeint. **Wünsche ernst zu nehmen bedeutet nicht, sie erfüllen zu müssen!** Manchmal erleben wir, dass der elterliche Service an ein Dienstleistungsunternehmen erinnert. Aber Service ist nicht dasselbe wie Liebe! Geben Sie Ihren Sprösslingen daher die Chance, Dinge wirklich selbst in die Hand zu nehmen. Zwei- bis vierjährige Kinder können oft schon eine Menge mehr, als wir ihnen zutrauen.

Die Führung liegt bei den Erwachsenen

Aus unserer Sicht tut es Kindern nicht gut, wenn die »Führungs-frage« nicht geklärt ist. Mit Führung ist hier nicht gemeint, Macht auszuspielen und die Kinder herumzukommandieren, sondern darum, Kinder zu leiten, ihnen die eigenen Grenzen deutlich zu machen und damit den Rahmen für ein Miteinander zu gestalten. In einem Vakuum, in dem niemand führt und entscheidet, über-nehmen automatisch die Kinder die Führung und geben dann gern »den Ton an«: »Ich will kein Erdbeerjoghurt und auch nicht Kirsche. Ich will Banane, so wie bei Oma.« Es gibt tatsächlich Eltern, die dann nochmal in den nächsten Supermarkt fahren. Sie könnten aber auch sagen: »Ah, Banane! Beim nächsten Einkauf schaue ich mal, ob es Banane gibt. Heute habe ich für dich Erd-beere oder Kirsche zur Auswahl – oder eben keinen Joghurt.«

TIPP Kinder brauchen Erwachsene, die die Führung uber-nehmen, das gibt ihnen Halt und Sicherheit. Überprüfen Sie aller-dings, zu welchen Dingen Sie **Ja** und **Nein** sagen und überlegen Sie sich auch, **warum.** Denn ein Übermaß an allgemeingültigen Ge- und Verboten führt nur dazu, dass Kinder auf Durchzug schal-ten. Seien Sie persönlich!

Die individuellen Grenzen können bei der Tagesmutter ganz anders sein als daheim, bei der Erzieherin anders als bei der Oma, selbst bei Mama anders als bei Papa. Daraus entstehen häufig Meinungsverschiedenheiten. Der Wunsch wird laut, »an einem Strang zu ziehen«. Wir plädieren hier jedoch ganz klar für die Authentizität! Die Bezugspersonen müssen sich nicht unbedingt einig sein – doch sie sollten ehrlich und selbstsicher sein. Kinder können Unterschiede gut akzeptieren, wenn sie authentisch und spürbar sind.

Sehr hilfreich ist es, wenn die beteiligten Erwachsenen sich in Ruhe darüber austauschen, offen ihre persönlichen Grenzen deutlich machen und die möglichen Unterschiede akzeptieren! Das macht es leichter, sie den Kindern gegenüber zu vertreten, z. B. »Ich weiß, dass du zu Hause dein Brot kleingeschnitten bekommst. Hier in der Kita habe ich keine Zeit dafür.«

Zur Führung gehört es unserer Meinung nach auch, Kindern keine Fragen zu stellen, wenn die Antwort kein Gewicht hat oder sie gar keine wirkliche Chance haben, an der Entscheidung mitzuwirken. Wenn wir Erwachsenen etwas längst entschieden haben, ist eine Frage an die Kinder fehl am Platz und oft der Auslöser für Konflikte und »Trotzverhalten«. Denn wir kommen mit dem Nein der Kinder dann nicht klar, obwohl wir ihnen die Möglichkeit dazu angeboten haben.

In der Kita lautet es beim Abholen häufig: »Wollen wir jetzt einkaufen gehen?« Doch ein Nein wird meist nicht akzeptiert, da es eh schon beschlossene Sache ist und der Kühlschrank leer. Auf ein Quengeln wird dann evtl. erwidert: »Es geht auch ganz schnell und du bekommst was Süßes.« Das stellt Kinder vielleicht ruhig, gibt ihnen aber nicht das Gefühl, ernst genommen zu werden. Erfreulicherweise können Kinder mit freundlichen, klaren Aussagen wunderbar umgehen: »Ich will einkaufen gehen, komm jetzt bitte«, »Nun ist Zähneputzen dran, ich nehme dich jetzt mit ins Bad«, »Nun habe ich dir zwei Geschichten vorgelesen, jetzt stelle ich das Buch bis morgen wieder ins Regal«. Wichtig ist, dass diesen Worten Handlungen folgen, wir uns also in die gewünschte Richtung bewegen anstatt stehen zu bleiben und die Reaktion des Kindes abzuwarten.

Je persönlicher, klarer und authentischer wir sind – nicht nur in Worten und Taten, sondern auch in unserer inneren Haltung, in Körpersprache, Tonfall und Mimik –, desto eher werden Kinder unsere Grenzen und unsere Führung akzeptieren.

Natürlich gibt es täglich zahlreiche Momente, in denen es aus unserer Sicht richtig und wichtig ist, Kinder nach ihren Bedürfnissen, Wünschen und Ideen zu fragen. »Möchtest du dein Müsli mit Apfel oder mit Banane?«, »Such dir einen von diesen Turnbeuteln aus, welcher gefällt dir?«, »Ich habe jetzt Zeit, mit dir zu spielen, was möchtest du machen?« Auch ist es unterstützend für das Selbstwertgefühl, mal eine Weile einfach nur da zu sein und sich einzulassen auf das Spiel der Kinder, sich aufmerksam daneben zu setzen und in ihre Welt einzutauchen. Es ist ein Geschenk für Kinder, wenn es Zeiten gibt, in denen wir ihnen und ihren Impulsen folgen – ohne einzuwirken, ohne zu bewerten, ohne zu korrigieren. Das geht besonders gut im Freispiel. Ein »Nimm zuerst die dicken Steine, dann steht der Turm stabiler!« ist zwar gut gemeint, vermittelt jedoch schnell das Gefühl, korrigiert und belehrt zu werden. Ein einfaches »Ah, du baust einen Turm. Aha, zuerst nimmst du blaue Steine. Ups, umgefallen!« mit ruhiger Stimme und freundlichem Gesicht wirkt Wunder für das Gefühl, gesehen zu werden. Die Schwerkraft zeigt die natürliche Konsequenz auf – wir brauchen nicht zu belehren. Wenn Kinder hier die Wertschätzung erfahren, ihren eigenen Impulsen folgen zu dürfen, ohne Korrektur, fällt es ihnen an anderer Stelle leichter, sich der Führung der Erwachsenen anzuvertrauen.

Es liegt bei uns Erwachsenen, zu unterscheiden, ob wir uns in einer strukturierten Situation befinden (z. B. Anziehen, Waschen, Aufräumen) und dort die Führung übernehmen oder ob wir den Raum öffnen für eine freie Situation (z. B. Freispiel) und dort den Impulsen der Kinder Aufmerksamkeit schenken. Wir sind es, die je nach Situation und Alter des Kindes entscheiden, was zu welchem Zeitpunkt dran ist und die den Rahmen dafür gestalten.

Authentisch führen

Um die Führung zu übernehmen ist es hilfreich zu wissen, was ich selbst will und was nicht. Es gibt heute kaum noch einen gesellschaftlichen Konsens, auf den wir zurückgreifen können, Kulturen vermischen sich, Familienstrukturen verändern sich etc. Mehr denn je ist unsere Generation gefordert, die Beziehung zu Kindern von innen heraus zu entwickeln, d. h. ausgehend von unseren ganz eigenen Gefühlen, Gedanken und Werten. Daher finden wir es so wichtig, zu spüren und herauszufinden, was uns selbst wirklich wichtig ist. Wo spüre ich ein Ja, wo ein Nein? Ist es mein eigenes Ja oder eines, das von mir erwartet wird? Habe ich den Mut, mein eigenes Nein zu äußern, oder stelle ich es vielleicht zurück, weil ich gefallen möchte in der Rolle als liebevolle Mutter, gute Tagesmutter, beliebte Erzieherin etc. Wenn ich mein eigenes Bedürfnis häufig verleugne, fühle ich mich irgendwann überfordert oder ausgenutzt. Mein Gleichgewicht zwischen Integrität und Kooperation hängt schief. Ggf. kann es sogar passieren, dass ich dafür meinem Gegenüber die Schuld gebe, wobei es doch meine eigene Verantwortung ist, gut auf mich zu achten und meine Grenze zu ziehen! Wenn ich mit einem guten Gewissen Nein sagen kann, ist das für Kinder ein großes Geschenk. Sie lernen dadurch, dies für sich selbst zu entwickeln. **Ein Nein zu anderen ist ein Ja zu mir selbst.**

Konflikte lösen

Immer, wenn zwei verschiedene Bedürfnisse aufeinandertreffen, gibt es einen Konflikt. Der kann mal entspannt verlaufen, manchmal jedoch zieht er wie ein dunkles Gewitter am Himmel auf und entlädt sich mit voller Wucht über den Beteiligten. Zurück bleiben oft zwei erschöpfte Parteien, oft mindestens ein Verlierer. Daher ist der Wunsch verständlich, Konflikte zu vermeiden. Doch gerade in der Selbstständigkeitsphase, die Kleinkinder durchlaufen, sind Konflikte aus unserer Sicht völlig normal und enorm wichtig. Über Konflikte und darin verborgene unterschiedliche Sichtweisen lernen wir uns und andere kennen, spüren uns selbst und andere, wir reiben uns, wir zeigen uns, wir kommen in Kontakt. Doch wie können wir Erwachsenen achtsam umgehen mit Konflikten, Gefühlsausbrüchen und Trotzverhalten von Kindern?

▶ *Schauen wir uns ein paar Verhaltensweisen an, auf die Erwachsene bei einem Konflikt mit einem Kind häufig zurückgreifen: Wenn sich ein zweijähriges Kind im Autositz nicht anschnallen lässt und lautstark protestiert, wählen manche Eltern ein Ablenkungsmanöver (»Schau mal, der große Hund da hinten!«) oder locken mit einer Belohnung (»Wenn du still hältst, kaufe ich dir beim Bäcker ein Schokobrötchen«), sie drohen (»Wenn du dich jetzt nicht anschnallen lässt, dann fahre ich nie wieder mit dir in den Tierpark«) oder verhängen direkt eine Strafe (»Heute Abend lese ich dir keine Geschichte vor«). Manche Familien führen aufwändige Belohnungssysteme ein, mit Sternchen oder Smileys, die in Heftchen oder an ein Poster an der Küchentür geklebt werden, wenn die Kinder ein von den Erwachsenen gewünschtes Verhalten an den Tag legen.* ◀

Wir wissen, dass all diese Mittel weit verbreitet und teilweise auch beliebt sind und fraglos auch funktionieren. Sie werden vermutlich sogar zum gewünschten Verhalten führen, wenn auch häufig nur kurzfristig. Wir raten von all diesen Varianten ab, sowohl von Druckmitteln als auch von Belohnungen. Das Kind wird sich nicht ernst genommen fühlen, sondern unverstanden, ggf. unterdrückt. Das klingt hart, das wissen wir.

Stärkung der eigenen Persönlichkeit

Wenn Sie ein Kind unterstützen möchten bei der Entwicklung seines Selbstwertgefühls und eines konstruktiven Umgangs mit seinen Gefühlen, dann schlagen wir Ihnen einen anderen Weg vor. Auf diesem Weg geht es um die Stärkung *Ihrer eigenen Persönlichkeit.* Wir haben es vielfach erlebt: Wenn Erwachsene selbstsicher sind, sich über persönliche Grenzen klar sind und diese ruhig und authentisch äußern, dann benötigen sie all diese obenstehenden Hilfsmittel zur Verstärkung nicht. Dann genügen sie selbst! Und es stehen einer gelungenen Beziehung weder Strafen noch Lockmittel im Wege.

Falls bei Ihnen jetzt Widerstände auftauchen, nehmen Sie sich bitte einen Moment Zeit, darüber nachzudenken. Es ist menschlich, bisherige Verhaltensweisen zu verteidigen. Vielleicht können Sie jedoch den Wunsch in sich entdecken, diese Hilfsmittel loszulassen, ebenso die Machtkämpfe.

> **TIPP** Manchmal hilft es, Konflikte in Gedanken etwas **humorvoll** auf die Erwachsenenebene zu übertragen. Würden Sie an Ihren Mann Sternchen verteilen, wenn er seine Schuhe brav im Flur auszieht? Bei zehn Sternchen winkt ein Schäferstündchen! Oder würden Sie Ihrer Freundin, für die Sie aufwändig gekocht haben, Fernsehverbot erteilen, wenn sie den Teller nicht leer isst? Hier wird deutlich, dass das System irgendwie hinkt.

Wir erleben erfreulicherweise einen großen Bedarf bei Eltern und Fachkräften, einen anderen Weg einzuschlagen, wertschätzend und achtsam miteinander umzugehen, die Beziehung zum Gegenüber zu stärken, seine Integrität nicht zu verletzen und auch die eigene zu schützen.

Wir haben dies in unseren **5 Ws** zusammengefasst. Sie umfassen fünf konkrete Schritte, die wir in Konfliktsituationen und bei sogenanntem Trotzverhalten empfehlen. Grundlage ist auch hier wieder die liegende Acht.

- **W**ahrnehmung: Ich beschreibe die Situation aus meiner Sicht.
- **W**irkung: Ich zeige mich.
- **W**as bewegt dich? Ich interessiere mich für mein Gegenüber.
- **W**ertschätzung: Ich sehe dich.
- **W**unsch: Ich ziehe meine Grenze klar und persönlich.

Wahrnehmung

»Marie, ich habe gesehen, dass du Anna geschubst hast.«
Zu Beginn fasse ich erstmal in Worte, was passiert ist, was jemand getan oder gesagt hat. Ich schildere die Situation aus meiner Sicht, möglichst ruhig und neutral ohne Bewertung, Anschuldigung, Kritik oder Interpretation.

Wirkung

»Das gefällt mir nicht.«

Hier nehme ich das Bild der liegenden Acht zu Hilfe: Ich zeige mich und meine Welt, d. h. ich beschreibe, was die Situation bei mir auslöst, zeige mich mit meinen Gefühlen, Gedanken, Werten etc. Dabei bleibe ich bei mir und formuliere Ich-Botschaften. Der Gesprächspartner darf emotional berührt sein – wir wollen ihn ja erreichen – , doch niemals gekränkt werden.

Was bewegt dich?

»Was war denn los, hat dich etwas geärgert?«

Hier schaue ich auf den gegenüberliegenden Bereich der liegenden Acht: Ich interessiere mich für die Welt meines Gegenübers, für seine Gedanken, Gefühle, Sichtweisen. Ich stelle behutsam Fragen, höre aufmerksam zu und gehe auf mein Gegenüber ein. Selbst wenn keine Antwort kommt, z. B. weil das Kind noch nicht sprechen kann, ist entscheidend, dass das Kind erlebt: Der Erwachsene sieht mich und interessiert sich für mich!

Wertschätzung

»Du bist wütend, weil Anna auf deinen Sandkuchen getreten ist. Ja, das ist schade!«

Ich sehe mein Gegenüber, würdige seine Welt, nehme seine Sichtweise und Gefühle wahr und vor allem ernst: Ich lasse diese gelten! Weder korrigiere ich, noch kritisiere ich. Ich versuche nicht, dem anderen etwas auszureden oder ihm klarzumachen, dass er falsch liegt. Er darf so fühlen, so denken, so sein!

Wunsch

> *»Das darf dich ärgern, Marie. Aber ich will nicht, dass du ande-*
> *re Kinder schubst.«*

Ich äußere meinen Wunsch klar und ruhig in persönlicher Sprache (Ich-Botschaft), ziehe also meine Grenze. Ich bleibe bei mir und zeige mich, bin dadurch spürbar, auch hier ohne Vorwürfe und Kritik.

Mit den folgenden Checklisten haben Sie die Möglichkeit, sich bei sogenanntem Trotzverhalten oder anderen Konfliktsituationen selbst zu beobachten und Ihr persönliches Verhalten ggf. zu ver-ändern. Die Reihenfolge der Ws kann variieren, ebenso die Anzahl. Sie müssen nicht immer alle fünf Schritte durchlaufen. Viel wich-tiger ist Ihre innere Haltung!

CHECKLISTE

Konfliktsituationen reflektieren

Wahrnehmung

- Habe ich die Situation neutral und so ruhig wie möglich aus meiner Sicht beschrieben? (Was ist passiert?)
- Konnte ich Bewertungen, Vorwürfe und Interpretationen vermeiden?

Wirkung

- Konnte ich mein eigenes Gefühl wahrnehmen?
- Konnte ich es in Worte fassen und authentisch ausdrücken?

Was bewegt dich?

- Habe ich mich für mein Gegenüber ehrlich interessiert?
- Habe ich Fragen formuliert, um vom anderen etwas zu erfahren?
- Konnte ich die Gefühle und/oder Bedürfnisse entschlüsseln?

Wertschätzung

- Konnte ich dem Kind gut zuhören, ohne es zu bewerten, zu verbessern oder ihm etwas auszureden?
- Konnte ich die Antworten würdigen und ernst nehmen (auch wenn ich evtl. eine andere Meinung dazu habe)?

Wunsch

- Ist mir bewusst, was ich in dieser Situation wirklich will?
- Konnte ich das, was mir wirklich wichtig ist, in Worte fassen?
- Habe ich eine persönliche Sprache verwendet (Ich-Botschaft)?
- Habe ich meine Grenze gezogen und diese deutlich gemacht?

CHECKLISTE

Weitere hilfreiche Punkte für Konfliktsituationen

- Habe ich mich dem Kind zugewandt und Kontakt aufgenommen?
- Bin ich ggf. auf seine Höhe gegangen?
- Konnte ich das Bedürfnis des Kindes wahrnehmen?
- Konnte ich das Gefühl des Kindes entschlüsseln und in Worte fassen?
- Hatte das Kind Zeit und Raum, seine Selbstständigkeit zu erproben?
- Habe ich geduldig abgewartet, ggf. Hilfe angeboten, ohne einzugreifen?
- Hatte das Kind genügend Raum und Zeit, seinen eigenen Impulsen nachzugehen (freie Spiel-Situationen)?
- Bin ich (in einer strukturierten Situation) in der Führung geblieben?
- Habe ich vermieden, eine Frage zu stellen, wenn es keine Wahl gab?
- Tue ich, was ich sage und sage ich, was ich tue?
- Übernehme ich die Verantwortung für mein Verhalten?
- Was passierte vor dem Konflikt (Ursache)?
- Hat das Kind ggf. schon zu viel kooperiert?
- Sehe ich das Kind, wie es ist (nicht, was es tut oder nicht tut)?
- Gebe ich dem Kind das Gefühl, dass es ok ist, so wie es ist?

Hinweis Selbst wenn Sie obige Fragen für sich mit »Ja« beantworten können, heißt das nicht unbedingt, dass das Kind sich fügt und sein »Trotzverhalten« beendet ist! Daneben braucht es Geduld und Einfühlung. Uns geht es nicht darum, dass die Kinder »funktionieren«, sondern darum, dass sie sich ernst genommen fühlen und eine konstruktive Beziehung entstehen kann. Die Kinder werden dann nicht in ihrer Integrität verletzt (wie bei Drohungen, Strafen etc.) und können somit ein gesundes Selbstwertgefühl entwickeln.

▷ *Der dreijährige Leon verbringt die Vormittage bei seiner Tagesmutter Ina. Heute will er aus mehreren Klorollen und Kleister einen Roboter basteln. Ina hat ihm am Tisch Platz zum Basteln frei gemacht, an dessen anderem Ende sie selbst sitzt, um die zehn Monate alte Lena zu füttern.*

Als Leon die letzte Rolle aufkleben will, kippt sein gesamtes Werk um und fällt vom Tisch. Die Rollen lösen sich voneinander. Erschreckt schaut er auf den Fußboden, stößt einen wütenden Schrei aus, springt auf und trampelt seinen Roboter kaputt. Danach schaut er hoch und schiebt mit einer blitzschnellen Handbewegung und einem wütenden Blick das Schälchen mit Lenas Brei vom Tisch. Es landet auf dem Fußboden. Die kleine Lena beginnt zu weinen, Leon rennt in die Sofaecke und vergräbt sich unter den Kissen. Ina steht auf und nimmt Lena auf den Arm. Um sie zu beruhigen – und sich selbst – , geht sie ein paar Schritte im Zimmer auf und ab. Leon kauert noch unter den Kissen. Als Lena sich beruhigt hat, setzt sich Ina mit Lena auf dem Schoß auf den Fußboden neben das Sofa. »Leon, das Schälchen mit Lenas Brei ist heruntergefallen« (Wahrnehmung). Leon schaut zwischen den Kissen hervor und zum Tisch. »Das hat mich ziemlich geär-

gert und Lena hat es erschreckt« (Wirkung). Sie macht eine Pause und berührt Leon vorsichtig am Arm. »Hat es dich so wütend gemacht, dass der Roboter heruntergefallen ist?« (Was bewegt dich?)

Leon setzt sich aufrecht, wischt die Tränen mit dem Handrücken weg und schaut Ina vorsichtig an. Sie macht ein ruhiges, ernstes, offenes Gesicht. »Hm?« Sie legt den Kopf schief. »Ja!« sagt Leon. Ina schaut ihn an: »Weißt du, es ist ok, wenn du darüber wütend bist, dass dein Roboter kaputt gegangen ist.« (Wertschätzung, es darf ihn ärgern!) »Aber ich will nicht, dass du meine Sachen herunter wirfst.« (Eigene Grenze ziehen) Sie macht eine Pause. »Und jetzt hilf mir bitte beim Saubermachen.« (Wunsch) Ina steht auf, setzt Lena ab und holt zwei Lappen aus der Küche. Sie beginnt, den Brei aufzuwischen und schaut kurz hoch: »Ich habe dir einen Lappen mitgebracht, komm.« Leon schiebt sich langsam vom Sofa, geht zu Ina und hilft ihr beim Aufwischen.

Als die Mutter zum Abholen kommt, erzählt Ina ihr: »Leon hat heute einen Roboter gebastelt, leider ist er ihm heruntergefallen.« Mit einem Blick zu Leon: »Das hat dich wütend gemacht, nicht wahr?« Die Mutter kniet sich zu Leon herunter. »Oh, das ist ja auch ärgerlich!« Sie nimmt Leon in die Arme. ◄

An diesem Beispiel sehen Sie: Ina schafft es, ruhig zu bleiben, Leon ernst zu nehmen und ihre Grenze zu ziehen. Leon lernt zwei wichtige Dinge: Ich darf wütend sein, aber nicht Inas Sachen herunter werfen. Das lernt er ohne Schimpfen, Strafen und Drohungen. Hier sehen Sie außerdem ein Beispiel für eine gelungene Erziehungspartnerschaft. Beide Erwachsenen bleiben ruhig und tadeln Leon nicht für sein Verhalten. Dies ist auch für die kleine Lena eine wichtige Erfahrung und beeinflusst ihren späteren Umgang mit Konflikten.

Wir haben bislang viele Menschen darin begleitet, ihre Einstellung und ihre Kommunikation weiterzuentwickeln. Sie berichten, dass sie das Zusammensein mit Kindern nun leichter, gelassener und entspannter erleben und mehr mit sich und ihrem Gegenüber in Kontakt sind.

TIPP Ein **Elternabend** zum Thema »Gefühlsausbrüche im Selbstständigkeitsalter« könnte für alle Beteiligten ein hilfreiches Mittel sein, um sich gegenseitig zu bereichern. Sie könnten sich über die Werte und die 5 Ws austauschen, miteinander diverse Situationen durchspielen (z. B in Rollenspielen) und vor allem die persönliche Sprache üben. Nehmen Sie die Skizze der liegenden Acht und die Checklisten zu Hilfe.

Das gemeinsame Üben macht Freude und gibt Sicherheit und kann dann im Umgang mit den Kindern angewendet werden. Wenn Eltern und Fachkräfte sich gegenseitig in einer wertschätzenden Grundhaltung unterstützen, ist dies ein Garant für gute Beziehungen – zu den Kindern und zu einander!

Ein paar Worte zum Schluss

Dem Kind Raum für seine Entwicklung geben

Was benötigen Kinder denn wirklich für eine erfolgreiche Zukunft? Geht es nicht eher um eine *glückliche* Zukunft? Können wir vorhersagen, was die nächste Generation dazu braucht? So viel wird den Kindern heute »eingetrichtert«. Ist es das schulische Wissen, Mathematik und Programmiersprachen, die sie für Ihr Leben benötigen? Ist es wichtig, schon früh Chinesisch zu lernen? Wird es wichtig sein, den einen »richtigen« Beruf zu erlernen und darin ein Leben lang zum Spezialisten zu werden? Oder wird eher eine Wissens-Vielfalt gebraucht werden, um sich auf sich verändernde Technologien, Herausforderungen und Märkte einstellen zu können? Wie werden Familien in der Zukunft aussehen? Wird sich der Anteil von Patchworkfamilien und Single-Haushalten weiter vergrößern?

Wir können kaum erahnen, welche Qualitäten die Kinder von heute in einer Welt von morgen wirklich benötigen – bestimmt aber werden sie Flexibilität, Toleranz, Kreativität und Aufgeschlossenheit brauchen. Die beste Grundlage sind ein gutes Selbst(wert)-gefühl, ein Zugang zu ihrer eigenen Kraft und inneren Stärke, andere annehmen und wertschätzen zu können. Ebenso wichtig ist es, Bindungen eingehen zu können, in Gemeinschaften zu leben und zu arbeiten und sich gemeinsam zu entwickeln.

Wir erleben in unserer Arbeit, dass viele Menschen, die mit Kindern leben und arbeiten, verunsichert sind. Es gibt so viele Ansätze zum Thema Erziehung, so viele Weisheiten, Ratschläge. Wenn wir uns mit so vielen verschiedenen Meinungen auseinander setzen müssen, finden wir uns wieder in einer Sammlung von Erwartungen, Erwartungen anderer und vor allem solche, die wir an uns selbst haben. Nicht selten erwächst daraus das Gefühl, es nicht gut genug zu machen, und es entsteht ein schlechtes Gewissen. Das ist kein guter Begleiter! Denn es hindert uns daran, auf unsere innere Stimme zu hören und unserer eigenen Intuition zu vertrauen. Es macht uns unsicher im Umgang mit Kindern – das wiederum spüren diese und werden selbst verunsichert. Werfen Sie daher alle Erwartungen über Bord und entspannen Sie sich. Seien Sie authentisch und geben Sie dem Kind den Raum, sich selbst zu entdecken und zu entwickeln. Viel mehr braucht es nicht.

Viele Erwachsene fühlen sich von plötzlichen Gefühlsausbrüchen und dem manchmal heftigen Verhalten der Kinder überfordert oder verärgert. Aus Hilflosigkeit und Machtlosigkeit handeln sie manchmal emotional und unkontrolliert. Das ist menschlich, denn in Notsituationen verfallen wir oftmals in früh erlebte und erlernte Verhaltensmuster. Wenn uns dies jedoch auffällt und wir den Wunsch haben, es zu verändern, ist das bereits der erste Schritt. Machen Sie sich nicht zu viele Selbstvorwürfe: Kinder brauchen schließlich echte und emotionale Menschen um sich herum. Falls Sie einmal überreagiert haben, so ist das nicht unbedingt ein Weltuntergang. Entscheidend ist es aus unserer Sicht, dass Sie dem Kind im Anschluss sagen, dass es Ihnen leid tut. **Übernehmen Sie**

die Verantwortung für Ihr Verhalten. Z. B.: »Mia, es tut mir leid, dass ich dich angeschrien und die Tür geknallt habe, als du das Eisschälchen heruntergeworfen hast. Ich hatte einen langen Tag und meine Nerven waren von der Arbeit echt angespannt. Das hat nichts mit dir zu tun. Ich hätte vorher nachsehen können, ob wir überhaupt noch Erdbeereis haben. Ich habe zu spät gesehen, dass nur noch Vanilleeis da ist.« Nehmen Sie das Kind ggf. in den Arm. Und dann vergeben Sie sich selbst.

Niemand ist perfekt. Wir alle haben Stärken und Schwächen und machen Fehler. Wichtig ist doch, aus Fehlern zu lernen. Am besten mit Kindern zusammen, Kinder sind aus unserer Sicht die besten Lehrer!

Trotz aller Herausforderungen – neben Ihrem Erziehungsauftrag sollten Sie nicht vergessen, mit Kindern Freude zu haben! Leichtigkeit und Humor sind wunderbare Begleiter und wirken wie Dünger für zwischenmenschliche Beziehungen. Spielen Sie mit ihnen, lachen Sie mit ihnen, überraschen Sie sie und interessieren Sie sich für sie. Jeder fröhliche, ausgelassene, beglückende gemeinsame Moment ist ein Geschenk. Für beide!

Wir hoffen, dieses Heft macht Ihnen Mut, die sogenannte Trotzphase als Einladung zur eigenen Entwicklung zu sehen. Immer dann, wenn es mit Kindern schwierig wird, lohnt es sich, auf uns selbst statt auf die Kinder zu blicken und unser eigenes Verhalten zu hinterfragen. Wir beide haben über unsere eigenen Kinder sehr viel über uns selbst gelernt. Vielleicht können auch Sie nach ein paar wohltuenden Veränderungen in Ihrem Leben mit Kindern sagen: »Ich habe etwas dazu gelernt! **Trotz sei Dank!**«

Literatur und Leseempfehlungen

Aarts, Maria (2014): Marte Meo. Eine Einladung zur Entwicklung. Aarts Productions, Eindhoven NL

Aldort, Naomi: Von der Erziehung zur Einfühlung. Wie Eltern und Kinder gemeinsam wachsen können. Arbor Verlag, Freiamt

Dittmar, Vivian (2014): Kleine Gefühlskunde für Eltern. Wie Kinder emotionale & soziale Kompetenz entwickeln, Verlag V.C.S. Dittmar, Rettenbach

Hüther, Gerald/Bonney, Helmut (2013):Neues vom Zappelphilipp. ADS verstehen, vorbeugen und behandeln. Beltz Verlag, Weinheim und Basel

Juul, Jesper (2010): Das kompetente Kind. Rowohlt Taschenbuch Verlag, Reinbeck bei Hamburg

Juul, Jesper (2010): Nein aus Liebe. Klare Eltern – starke Kinder. Kösel-Verlag, München

Juul, Jesper (2012): 4 Werte, die Kinder ein Leben lang tragen. Gräfe und Unzer Verlag, München

Juul, Jesper (2011): Aus Erziehung wird Beziehung. Verlag Herder, Freiburg im Breisgau

Juul, Jesper/Jensen, Helle (2009): Vom Gehorsam zur Verantwortung. Für eine neue Erziehungskultur. Beltz Verlag, Weinheim und Basel

Kiel-Hinrichsen, Monika (2006): Warum Kinder trotzen. Phänomene, Hintergründe, pädagogische Begleitung. Verlag Freies Geistesleben und Urachhaus, Stuttgart

Renz-Polster, Herbert (2015): Kinder verstehen. Born to be wild: Wie die Evolution unsere Kinder prägt. Kösel-Verlag, München

Links

www.leichtsinn-bielefeld.de
www.familylab.de

Autoren-info

Britta Kolbe und **Wolfgang Bergmann** sind ganzheitliche Coaches sowie Paar- und Familienberater. Sie führen in Bielefeld gemeinsam die Praxis »LeichtSinn – Leichtigkeit im Sinn« und begleiten Kinder, Jugendliche, Erwachsene, Paare, Familien sowie Fachkräfte und Organisationen in Entwicklungsprozessen.